DE L'ÉTAT PÉRILLEUX

DES FINANCES,

ET DU

QUATRE POUR CENT CHABROL.

DE L'IMPRIMERIE DE SELLIGUE,
RUE DES JEUNEURS, Nº 14.

DE L'ÉTAT PÉRILLEUX

DES FINANCES,

ET DU

QUATRE POUR CENT CHABROL.

Par J. J. Fazy.

PARIS.

CHEZ ALEXANDRE MESNIER,

PLACE DE LA BOURSE.

1830.

DE L'ÉTAT PÉRILLEUX

DES FINANCES.

Introduction. — Imbroglio dans le crédit public.

Les finances de la France sont engagées dans un périlleux défilé, où elles ont été conduites par l'inexpérience et l'avidité du ministère de Villèle.

D'un côté, il est évident que les manœuvres de l'agiotage, poussées à leurs dernières conséquences, ont déterminé les crises commerciales qui désolent l'industrie depuis plusieurs années, et qu'il est temps d'y mettre un frein, sous peine de voir toutes les sources du revenu public se tarir insensiblement.

D'un autre, il est dangereux pour le crédit public de toucher au frêle échafaudage sur lequel on l'a élevé, sous peine de le voir crouler tout d'un coup, et d'en dégoûter les Français, comme ils l'ont été de plusieurs systèmes de finances qui ont précédé celui qui jette en ce moment la France industrielle dans un état de perturbation si fâcheux.

Cependant il faut prendre un parti; tarder plus long-temps, c'est perpétuer l'irritation politique, bien plus entretenue par le malaise général que par les ridicules essais d'une faction.

C'est par les finances que périssent les gouvernemens qui se livrent aux traitans. Tout est beau jusqu'à l'instant où ces gens qui n'ont stipulé que leurs intérêts se retirent bien gorgés, laissant l'État dans les embarras qu'ils ont enfantés, aussi incapables d'indiquer alors un remède au mal qu'ils ont fait, qu'ils furent insoucians à le provoquer.

Pour sortir d'une fausse position, il faut se rattach aux vrais principes, à la nature des choses, abandonner les sophismes trompeurs de l'intérêt privé.

Au sein de toutes les illusions, de tous les éblouissemens financiers où nous sommes, il serait temps d'oser examiner la réalité, de vouloir se rendre compte sincèrement de ce phénomène extraordinaire du cours élevé et imperturbable des fonds publics, lorsque toute la France est dans l'agitation, et que la production des richesses éprouve de si funestes atteintes.

Un coup d'œil ferme et scrutateur révélerait alors un fait vraiment déplorable et presque inconnu, tant il est habilement voilé : c'est que, pendant les préoccupations politiques et la lutte des partis, il s'est silencieusement formé en France une aristocratie financière, qui a su réunir des ressources immenses pour centraliser dans une seule opération, rendue très-productive par une suite de déceptions, tous les fléaux par lesquels l'ancienne finance des traitans mettait la France au pillage.

On peut attribuer aux moyens extraordinaires agglomérés pour cette opération la tension fatigante que l'on remarque dans toutes les transactions qui ont pour base les bonnes et légitimes affaires.

Le spectacle de la misère publique n'a pu ébranler cette adroite combinaison qui, toujours insatiable, cherche constamment à élargir le cercle où elle joue.

Mais le gouvernement peut-il rester indifférent, doit-il continuer à se laisser entraîner dans une voie aussi dangereuse pour lui qu'elle est désastreuse pour la nation? doit-il se voir patiemment accusé de tous les maux de l'industrie, quand il saute aux yeux que ses plus grands malheurs viennent de l'emploi des capitaux vers un commerce improductif, dont les immenses bénéfices sont réalisés aux dépens des deniers publics.

Le moment est arrivé de détourner l'attention des spéculateurs de la bourse des fonds; mais peut-on obtenir ce résultat, tant que la menace d'un remboursement ou d'une réduction leur laisse espérer de nouvelles combinaisons d'agiotage? tant qu'ils pourront croire qu'en soutenant entre leurs mains le fonds entier de 3 p. 100, ils parviendront à réaliser des primes de hausse par un amortissement de 80 millions, qui agit avec si grande force sur ce fonds si restreint? tant que les déficits sur les budgets passés et à venir et les sommes nécessaires à l'achèvement des canaux leur laisseront croire à un nouvel emprunt de trois à quatre cent millions.

Pour les décider à faire refluer vers l'industrie et leurs énormes capitaux, et le secours de leur intelligence, il serait nécessaire de tâter de bonne foi si le cré dit de l'État est assez bien établi pour négocier directement au rentier les nouveaux emprunts que l'État sera forcé de contracter.

Or, le choix d'un fonds à 4 p. 100 d'intérêt est-il bien de nature à faire connaître en ce moment le cours du véritable crédit de l'État, et de juger par là des moyens qu'il faudrait employer pour en finir avec la spéculation sur la rente?

Je ne le pense pas, si l'on ne s'explique pas de suite sur deux points importans :

Si l'on ne fait pas la promesse de renoncer aux projets de réduction et de remboursement ;

Et si on ne laisse pas entrevoir que l'ancien amortissement sera ou réduit ou placé sur d'autres valeurs que la rente.

Sans ces précautions, il est évident que le prix d'adjudication de la faible somme de quatre-vingt millions à 4 p. 100 deviendra une nouvelle preuve en faveur du prix élevé où se trouve le 3 p. 100, et laissera croire à sa réalité.

Les spéculateurs qui tiennent en main ce fonds ne laisseront pas passer une aussi belle occasion de soutenir la fable si habilement conçue, par laquelle ils réalisent des primes énormes; que le public n'eût jamais consenti à leur payer.

Ceux-là paieront cher le 4 p. 100, non par amour pour lui, mais pour prouver la nécessité d'en venir un jour à convertir tous les fonds en 3 p. 100.

Si donc le ministre, dupe du crédit apparent de cette nouvelle valeur, allait baser sur des émissions semblables tout un nouveau projet de remboursement, il aurait plus tard à combattre les mêmes spéculateurs, qui ne le prennent que pour prouver, par son cours au-dessus du pair, qu'il faut revenir au 3 pour 100; et la Bourse deviendrait une triste arène où la fortune publique serait livrée à toutes les chances d'un agiotage déréglé.

Mais les spéculateurs seraient-ils pris dans leurs propres piéges ? seraient - ils parvenus à se tromper eux-mêmes ? croiraient-ils bonnement qu'il existe un public assez fou pour placer son argent au cours élevé de la rente?

Oh! alors le mal serait plus grand encore que je ne le suppose, et le réveil le plus cruel viendrait apprendre aux grands meneurs des fonds publics que, lorsqu'on se fait le directeur d'un vaste monopole, il faut mieux étudier les ressorts par lesquels marchent les choses. Un petit spéculateur peut suivre tête baissée, sans analyser scrupuleusement les causes qui font hausser ou baisser le prix des valeurs ; mais un grand faiseur est coupable s'il l'ignore.

Si de telles gens composent l'aristocratie financière,

je ne vois plus que ténèbres dans la suite d'un système de crédit public qui se complique tous les jours.

Voilà donc l'imbroglio où nous sommes.

S'abandonnera-t-on à un projet de remboursement inexécutable par de nouveaux emprunts à 4 p. 100, qui certes ne réussiront pas sur une grande échelle?

Laissera-t-on s'engager une lutte funeste entre les financiers à 4 p. 100 et les traitans à 3 p. 100?

Les finances paieront-elles les frais d'une guerre entre deux systèmes également funestes?

La victoire restera-t-elle à celui des deux projets qui est le seul exécutable, le 3 p. 100, mais qui perpétue les désordres industriels?

Enfin, le ministre, éclairé sur la véritable situation des capitaux, renoncera-t-il à toute nouvelle combinaison d'agiotage? saura-t-il dégager son 4 p. 100 actuel de l'influence des spéculateurs, et le placer directement aux vrais rentiers?

Profitera-t-il de cette circonstance pour arracher une partie de l'amortissement, affecté maintenant au 3 p. 100, au pillage des spéculateurs? Saura-t-il y trouver une ressource pour favoriser la production qui souffre de voir tous les capitaux se porter à la Bourse?

Telles sont les questions qui, suivant comme elles seront résolues, peuvent ou consolider ou bouleverser complétement l'état de nos finances.

Mais pour les trancher convenablement, il faut faire comprendre comment les emprunts en général nuisent à l'industrie ;

Par quels moyens l'agiotage aggrave encore le mal qu'ils causent ;

Par quelles combinaisons le système actuel d'amortisssement, la conversion du 3 p. 100 et de nouveaux projets de conversion tendent à établir des cours factices et un agiotage permanent ;

Et enfin, quel intérêt et quelles ressources le gouvernement a pour sortir de la fausse conception de crédit public dans lequel on le retient.

***

Des emprunts publics, considérés comme la principale cau des malheurs industriels.

Peu de personnes comprennent les causes de ces crises commerciales, qui, depuis la restauration, depuis la paix générale, épouvantent périodiquemen le monde industriel. Nous les attribuons surtout au système des emprunts publics, qui, soutenu par des hommes honorables, n'a pas encore éprouvé les attaques qu'il mérite. Comment, en effet, aller chercher l'origine des maux dont tout le monde est frappé dans les erreurs de ceux qui semblent être les premiers dans la carrière du travail, et qui, en cette

qualité, sont réputés les champions nés de l'industrie. Comment, d'ailleurs, lutter avec avantage contre un système funeste au pays, lorsque ceux qui le
défendent peuvent invoquer leurs succès de fortune
à l'appui de leur intelligence; lorsque surtout, par
suite des besoins qui avaient fait recourir aux emprunts, cette conviction profonde et de bonne foi
leur a fait proclamer le crédit public comme un per-
fectionnement, parce qu'il fut nécessaire quelques
jours.

Et les chevaliers aussi, pour avoir été pendant un
temps les protecteurs du faible, croyaient intimement
que leurs coups de lances, que les droits féodaux
étaient utiles à l'ordre social. Quel privilégié n'a cru
franchement à l'utilité de son privilége? cependant
bien des abus sont tombés, et c'est devant la discussion publique. Le système de crédit improvisé
depuis la restauration, n'a pas encore subi cette
épreuve; nous allons essayer d'en signaler les incon-
véniens.

La situation actuelle de la France réclame haute-
ment une telle investigation, de grands malheurs ac-
cablent de toutes parts l'industrie : d'un côté, le
travail languit faute de capitaux et de crédit, de l'autre, les capitaux et le crédit s'accumulent à vil prix
dans les mains de quelques personnes qui sont bien
loin d'être industrielles. Un grand vice est caché là-
dessous. Tâchons d'arriver jusqu'à la source.

Suivant les économistes, l'emprunt public le plus

simple et le plus direct dérobe cependant deux capitaux aux contribuables; voici comment : le prêteur détourne la somme qu'il avance à l'État, de l'emploi productif auquel il l'appliquait pour le faire valoir; ce capital, une fois dans les mains du gouvernement, est détruit immédiatement dans un emploi de consommation; rien ne le représente plus; cependant le contribuable reste chargé d'en payer l'intérêt, quoique privé de l'usage qu'il en faisait; or, n'est-ce pas sur le revenu d'un autre capital qu'il est obligé de le prendre?

Une fausse observation de ce fait a conduit quelques personnes à une conclusion bien différente, par laquelle on déclare *que l'emprunt public est le moyen de satisfaire aux charges publiques, en dérangeant le moins possible les travaux de la production.*

On paraît ne pas comprendre que le capital emprunté par l'État, dès qu'il est détruit, ne donne plus par lui-même, c'est-à-dire par son service productif, le revenu qui appartient au prêteur, que pour payer ce revenu, il faut lever le produit d'un capital semblable. Certes, c'est là un dérangement notable jeté dans le service général de la production, et il est évident que le contribuable se trouve bien mieux de l'impôt, qui ne lui enlève qu'un seul capital très-également réparti sur les revenus de tous, dont il est privé, mais dont il ne paie pas une seconde fois l'intérêt; tandis que par l'emprunt, vous lui enlevez les fonds qui faisaient les escomptes, les commandites, les prêts à long terme, pour les détruire en habits de soldats, en poudre à canon, en sinécures, en fêtes, etc. . puis, après lui avoir arraché les secours qu'il tenait des capitalistes, vous allez prendre sur le produit de son commerce, de ses usines, de ses maisons, de tous ses travaux, des sommes pour payer l'intérêt du capital que vous lui avez retiré, comme s'il alimentait encore ses travaux et ses échanges : n'est-ce pas là un double capital enlevé à la production?.

Avec l'aide de ses capitaux productifs, une nation. confectionne chaque année un certain nombre de valeurs destinées à sa consommation, c'est-à-dire à la nourriture, à l'habillement, au logement et même au luxe de ses citoyens : chaque travail est retribué sur cette valeur annuellement recueillie ; bien des travaux inutiles viennent prendre part au partage, depuis de certains hommes de loi jusqu'aux honorables agioteurs et propriétaires ; le gouvernement aussi vient en lever une portion. Son travail est de donner la sûreté, la justice aux citoyens ; d'assurer l'ordre et la paix sans lesquels il n'y a plus ni propriété, ni production, ni industrie véritable. Il prend part à la consommation générale des produits de l'année, souvent dans une proportion qui dépasse le salaire que mérite ce travail, et il agit en cela comme beaucoup de personnes qui ont des états privilégiés.

Mais enfin, tant que la consommation ne va pas au-delà des produits de l'année, toutes les injustices (qui jusqu'à présent ont paru inséparables de l'état social, et qui, j'espère, ne le sont pas), ne font point encore rétrograder une nation ; ce fait n'arrive que lorsqu'une main avide porte la destruction dans les capitaux productifs qui aident le travail, ou lorsqu'elle arrache des hommes à des travaux utiles pour les jeter dans l'oisiveté, ou les attacher à des occupations sans résultat. C'est là le despotisme de Montesquieu, qui coupe l'arbre pour en avoir le fruit.

Il faut avoir une idée bien nette de la théorie de la production, pour comprendre ce fait, je vais tâcher de le rendre palpable par un exemple saillant.

Un manufacturier gagne par an dix mille francs par l'usage des outils productifs qu'il tient à loyer ; le gouvernement, dans un pressant besoin, demande à cet industriel de lui céder sans retour, à titre d'impôt, jusqu'à cinq mille francs sur son bénéfice annuel : voilà le manufacturier bien gêné, mais avec de l'économie, il peut se refaire ; ce que le gouvernement lui a pris lui fait moins consommer, mais il n'est pas ruiné, son travail n'est pas interrompu ; cependant il se plaint, il gémit, il dispute avec l'État, il lui demande compte de l'emploi de son argent, dont la privation dérange ses jouissances. Si alors le gouvernement, importuné de ces plaintes, s'adresse au capitaliste propriétaire des outils qu'il utilise ; que, pour subvenir aux dépenses excessives qui fatiguent le contribuable, au lieu de lever des impôts, il emprunte les capitaux sur lesquels le manufacturier travaille, qu'il offre des conditions de sécurité, des facilités de transmission, et des intérêts qui tentent le capitaliste, celui-ci exige du manufacturier le remboursement de ses avances; leurs contrats étaient stipulés en argent, et le manufacturier n'a que des outils; il faut qu'il les vende à vil prix, qu'il se ruine, qu'il se décrédite, pour remplir ses obligations envers le capitaliste qui l'abandonne, pour faire passer ses fonds dans les mains de l'État; or, dans cette opération, voici les diverses espèces de tort qu'éprouve la production.

La valeur d'un homme est avilie; les bénéfices que faisait cet homme par l'usage des capitaux productifs, est anéantie.

La réalisation forcée et inopportune de ces capitaux les a fait passer d'un état productif à une valeur matérielle (qui ne sait que les machines vendues à la hâte retournent au chaudronnier ?) L'opération par laquelle ces fonds passent dans les caisses de l'état, enrichissent improductivement une foule de traitans.

Enfin, ces fonds sont consommés de suite; et cependant le contribuable en paie les intérêts !

Ne valait-il pas mieux retrancher sur la dépense de tous, que de ruiner ainsi la production ?

L'ignorance sur la nature des capitaux, a presque toujours été la cause de ce déplorable aveuglement, par lequel on croit n'anticiper que sur les revenus, en détruisant les capitaux.

Réglez vos dépenses sur vos revenus, et vous ne reculez pas ; ajoutez quelque chose de votre revenu à vos capitaux productifs, et vous avancez ; détruisez ces capitaux, et vous reculez.

L'impôt même exagéré, s'il est bien ordonné, ne se prend que sur le revenu. Suivant sa quotité, le contribuable consomme un peu plus ou un peu moins.

L'emprunt, au contraire, se lève sur le capital ; c'est une destruction à l'amiable d'une valeur productive. Le sultan s'en rendrait maître par confiscation ; les chevaliers s'en emparaient la dague au poing, et Louis XIV la levait par des collecteurs qui vendaient les maisons des paysans.

En assimilant la destruction des capitaux opérée par la confiscation, la force et les huissiers collecteurs, à celle qu'on obtient par l'attrait séduisant de l'agiotage, qui soutire les capitaux de l'industrie, nous montrons clairement leur véritable conséquence. Nous avons essayé de prouver ce fait, que le système de crédit public est en France une exception à l'ordre de nos transactions, et que les capitaux qu'il dérobe à la production, ne sont pas remplacés chez les travailleurs par un système de crédit. C'est absolument comme si nous disions que le gouvernement prend des capitaux au hasard, et où il les trouve, ainsi qu'opère Mahmoud, en levant des tributs par avanies.

Que le caprice soit dans le chef de l'État, ou dans le capitaliste qui prête, il n'importe. Dans le prêt qu'on fait à l'État avec l'argent qui escomptait des effets de commerce, en reprenant la commandite d'une manufacture, ou le prêt sur hypothéque fait à un fermier, c'est comme si on allait lever au hasard, sur la production, les objets que le gouvernement va détruire. L'impôt l'aurait pris également chez tous les citoyens qui, au pis aller, auraient un peu moins consommé, ou même n'eussent pas pu perfectionner leurs instrumens de travail, étant privés de leurs économies. Mais l'emprunt le prend chez quelques individus qui, sous le beau régime de crédit qui existe en France, sont obligés d'arrêter tout court leurs exploitations, et de manquer à leurs engagemens, et ajoutent encore des pertes indirectes pour tous les producteurs, à celles que la société éprouve déjà de la cessation de leurs travaux.

C'est un beau rêve que de croire que l'emprunt public ne se prend que sur les fonds oisifs et disponibles. Nous avons déjà dit que cette nature de fonds alimentait autrefois les escomptes de commerce et le change, secours dont l'industrie est presque totalement privée aujourd'hui.

Ainsi, les fonds attirés par l'emprunt sont bien arrachés à des services productifs; la nation en est tout aussi bien privée que si on les eût levés par l'impôt, et d'une façon bien moins également répartie? Dès-lors l'impôt n'est-il pas préférable, puisqu'il ne laisse aucune charge après lui?

Il n'en serait point ainsi si l'État empruntait pour replacer productivement, comme on prétend que

cela se fait en temps de paix. Dans ce cas, les capitaux n'étant que déplacés, et l'usage au profit de la
nation, soit de canaux, soit de routes, etc., payant
l'intérêt, l'emprunt serait comme non avenu. Mais
cela ne s'est jamais fait, et un état qui aurait le bonheur de posséder un gouvernement qui empruntât
pour de tels motifs, renoncerait encore à ce mode,
parce qu'il serait bien vite prouvé qu'il vaudrait
mieux laisser de semblables entreprises à la spéculation individuelle.

Il n'existe pas encore un exemple d'emprunt public
dans un but reproductif : ils ont tous été faits dans
celui d'une consommation excessive, et presque toujours intempestive, c'est-à-dire dans une fin qui n'a-
boutissait qu'à une destruction de capitaux.

Je crois même qu'il n'en peut pas être autrement ;
car en cas de guerre, un gouvernement national
trouve assez de dévoûment pour obtenir les sacrifices
nécessaires à cette position ; s'ils lui manquent, c'est
que le danger n'est point réel, ou que les peuples
n'approuvent point ses projets. Il est moral alors,
que la limite de l'impôt soit aussi celle de son ambi-
tion. Si vous lui laissez la ressource des emprunts, il
peut toujours entreprendre au-delà de ce qu'avoue
la nation ; et c'est précisément parce qu'il ne sert
que l'arbitraire ou les vues exagérées, que tout ami
de la liberté doit repousser l'emprunt. Nous n'avons
fait connaissance avec lui que dans des circonstances
fâcheuses, dont nous nous serions mieux tirés sans

son secours. Le rachat de notre indépendance, la guerre d'Espagne et l'indemnité, ne nous eussent pas coûté plusieurs milliards, si, pour les accomplir, on eût été obligé de disputer sur l'impôt. Les mêmes représentans, qui ont voté de si énormes sacrifices avec une inconcevable légèreté, sans en prévoir les conséquences, eussent repoussé les centimes additionnels qu'ils auraient été obligés de payer immédiatement. Égarés par de fausses théories, ils n'ont pas compris que l'emprunt allait leur coûter davantage, et ils ont approuvé les énormes destructions de capitaux, qui ont poussé l'Europe vers la longue crise commerciale qni la ravage en ce moment.

Dans tous les cas, ce n'est pas dans les emplois faits en France des capitaux levés par les emprunts publics qu'on trouvera la preuve de leur placement reproductif. Si nous examinions leur effet dans un pays voisin, nous pourrions peut-être remarquer que c'est par leur secours que l'Angleterre a pu soutenir la lutte acharnée qu'elle a livrée à la civilisation, le tout au profit de l'aristocratie européenne. Décidément, il n'est point absurde, comme on voudrait le faire croire, de déclarer qu'un état bien réglé peut toujours se passer des emprunts. Il est possible qu'ils soient très-utiles aux gouvernemens d'exception ; mais nous ne pensons pas que l'on songe à les favoriser d'un aussi puissant auxiliaire.

Nous avouons que nous n'avons pas compris ce qui est avancé par plusieurs financiers sur les heureux effets qu'on suppose devoir résulter des emprunts publics. On paraît croire qu'ils sont un premier acheminement vers un ordre social plus parfait. Pour notre compte, nous ne voyons rien de semblable ni dans ceux de la France, ni dans ceux de l'Angleterre. Ils ont protégé dans ces deux pays des consommations excessives, et dès-lors ont entretenu des oisifs : ils sont leur dernier soutien ; sans eux il n'en existerait plus, car c'est par leur secours qu'on a défendu les principes qui constituent l'oisiveté.

Ainsi, remarquons bien ce fait, qu'en finances, qnel que soit le nom et le prétexte, les désastres généraux commencent par la destruction des valeurs productives. Quand cette destruction s'opère par la violence, elle engendre immédiatement la misère des peuples ; par l'emprunt, elle les réduit petit à petit à cet état de gêne et de travail excessif où sont plongées en Angleterre et en France toutes les classes vouées à l'industrie. Si les capitaux productifs de ces peuples eussent été employés à perfectionner le travail au lieu d'avoir été appliqués à des dépenses exagérées, ils pourraient sans doute céder sur leurs revenus, c'est-à-dire sur les valeurs destinées à la consommation, des sommes annuelles bien supérieures à celles de l'impôt actuel. La fortune d'un État est comme celle d'un particulier, qui, une fois dans sa vie, sait bien prendre son temps pour se livrer à l'économie. Si on y eût pensé, il y a douze ans, la France jouirait d'une prospérité inouie. Je n'ai pas besoin de faire ici le calcul de la différence qu'il y a entre quelqu'un qui ajoute chaque année à son capital productif, et celui qui en retranche quelque chose.

Mais en réduisant la discussion à ses véritables termes, savoir, que, sous aucun prétexte, ni le particulier, ni le gouvernement, ne doivent aliéner leur capital productif, sous peine de ruine complète, que l'emprunt public ne peut se prendre que sur des capitaux; tandis que l'impôt se lève sur des revenus, on mettra tout le monde en état de juger du mérite de l'un et de l'autre.

En résumé, il faut bien convenir qne si l'impôt ne mène point à des résultats aussi fâcheux, c'est qu'il est en général, plus que l'emprunt, l'expression d'une lutte où le travailleur défend ses intérêts, et c'est précisément parce que l'un est une occasion d'ordre, et l'autre de vaines dissipations que l'un coûte moins cher que l'autre; car, ainsi que je l'ai dit, si l'emprunt public était placé reproductivement, il n'y aurait pas de mal; mais il n'en a jamais été ainsi.

Du monopole de la hausse, entretenu par la forme de négociation de la rente, l'amortissement et les conversions.

Cependant la nation française est douée d'une intelligence et d'une activité si persévérante, que le tort causé par les emprunts publics depuis la restauration, se serait promptement effacé, si, pour le malheur de tous, une funeste science financière n'eût pas inventé des combinaisons qui devaient en prolonger les déplorables effets.

On s'est habitué à contracter les emprunts publics avec une forme de négociation qui laisse jour aux calculs les plus insidieux de la part des spéculateurs prêteurs.

Lorsque la nécessité vint contraindre le gouvernement à se procurer de l'argent par le crédit, on établit hâtivement un mode de négociation des rentes de l'État, tout-à-fait exceptionnel à l'ordre de nos transactions, tellement, qu'il ne pouvait être exécutable que par la violation des lois qui défendent aux agens de change, sous peine de destitution, de favoriser de tels marchés. On conçoit qu'en tolérant cette infraction, l'aspect des affaires changeait totalement, et que l'organisation des agens de change aurait dû être modifiée en conséquence.

On ne le fit point, et bientôt un accord trop facile à prévoir entre ces agens et la haute banque qui avait soumissionné les emprunts, put faire comprendre qu'un vaste monopole allait s'établir : il ne put cependant point se fixer tant que des ministères impartiaux laissèrent la négociation des emprunts à la concurrence générale, et ne firent aucun effort pour favoriser la hausse.

Mais, dès que le ministère Villèle se fut emparé

du pouvoir, il comprit que, par une police active sur les opérations des agens de change, il pourrait détruire toute concurrence aux opérations de ses amis, et il fonda le plus monstrueux monopole qui ait jamais existé.

La hausse, depuis quatre-vingts francs jusqu'au pair et au-delà, fut d'abord exécutée avec une étonnante facilité, au sein de circonstances contraires, telles que la guerre d'Espagne, etc. Le plan du 3 p. 0⁄0, qui fut jeté immédiatement après, ne devait être que la continuation de cette hausse.

Tout le problème se réduisait à ceci : trouver un moyen constant de hausse, et réaliser d'immenses bénéfices, non par l'estimation réelle du cours de la rente, telle que le public l'entendrait ; mais, d'après un cours factice, que l'on réaliserait par les rachats de la caisse d'amortissement.

On va comprendre comment il était possible de voiler ce but en maniant habilement les usages établis pour la négociation des rentes.

Un des priviléges du papier de l'Etat, est de pouvoir être constamment vendu publiquement et à l'enchère, sans autre droit que la rétribution due à l'agent de change. Cette forme de vente rend très-incertain le prix auquel cette valeur passe d'une main dans une autre, et dès-lors donne lieu à un commerce animé. Ce commerce entretient un capital énorme tout-à-fait improductif, car le plus souvent il ne s'applique pas même à de la rente réelle. On répond à cela que l'on ne peut pas empêcher le jeu : cela est possible, mais rien ne force à fournir le tapis vert ; et, si les rentes avaient un tout autre mode de négociation, le jeu serait obligé d'aller chercher fortune ailleurs. La spéculation qui n'est pas le jeu, entretient aussi des capitaux oisifs par suite de cette forme de négociation, et bien décidément, toute l'organisation de cette machine dérobe beaucoup de capitaux à l'industrie, et détourne des hommes très-laborieux d'un travail qui pourrait être plus utile à leurs concitoyens.

Il faut compter encore tous ces frais-là dans ceux de l'emprunt public.

Soit que le gouvernement n'ait pas joui d'un grand crédit dans le commencement des emprunts, soit que l'on n'eût pas encore inventé des moyens forcés de hausse, les fonds de l'Etat se sont trouvés long-temps estimés au-dessous du pair de 5 p. 0/0 d'intérêt. C'était un temps de désastre et de calamité. C'est du moins ainsi que le considèreraient les particuliers qui verraient vendre à perte leurs obligations ; c'est ainsi que doit le voir l'État.

Dans cette situation, il est tout naturel, à mesure que l'on peut user de quelque ressource, d'en profiter pour racheter son papier au plus bas possible. Ce fut la première idée de toute caisse d'amortissement ; mais en France, on enfla tellement les rachats opérés par cette voie que les fonds ne tardèrent pas à monter au pair. On saisit ce prétexte pour se livrer aux déclamations les plus erronées sur l'intérêt des capitaux.

C'est alors que fut inventé le projet dn remboursement de la rente cinq pour cent, par la négociation d'un nouveau fond à trois pour cent l'an, et à la suite, toutes les idées de conversion, et les plans de différentes espèces de nouveaux emprunts à trois et demi, quatre pour cent, ou autres.

On colorait ces captieuses propositions de l'apparence du bien de l'État, tandis qu'en réalité, on ne songeait qu'à prolonger par de nouveaux prétextes, l'art d'ajouter des primes énormes aux intérêts.

Et l'on s'écartait tout-à-fait de la véritable intention de l'amortissement, qui est de racheter sa dette au-dessous du pair de son premier emprunt.

Si la hausse des fonds publics eût été la conséquence de la baisse de l'intérêt, qui empêchait de laisser monter le 5 p. cent à 125 fr.? l'argent aurait été alors tout aussi bien à 4 p. cent que par du 3 à 75 p. cent. Pourquoi se donner une apparence de discrédit en laissant négocier son papier au-dessous de son pair, lorsqu'on pouvait le voir recherché à 20 p. cent au-dessus?

C'est que la hausse était factice, et n'était pas la suite de la nature des choses; c'est que la puissante spéculation qui l'avait poussée aussi loin ne pouvait se réaliser entièrement que par les rachats de la caisse d'amortissement, qui devait cesser au-dessus du pair du 5 p. cent, et qui devaient reprendre au-dessous, du pair **du 3 p.** cent. Peu importait alors le chiffre de l'intérêt, pourvu que la prime fût large, et qu'un fort amortissement pût agir pour la payer en peu de temps.

Ainsi toute la question a été de savoir si l'intérêt serait à 4 p. cent, au-dessus du pair de 5 p. cent, ou au-dessous du pair de 3 p. cent. Dans le premier cas, on était privé des rachats immédiats de la caisse d'amortissement, et rien alors, si la cause continuait, n'empêchait de croire à la baisse réelle de l'intérêt. Dans le second, une large prime venant s'ajouter aux intérêts, et toute l'affaire pouvant se liquider par l'amortissement, il était clair que le bas chiffre de l'intérêt ne prouvait rien. Ce n'était aussi qu'une illusion de croire que l'État ferait un bénéfice dans la conversion; il ne s'agissait en effet que de savoir additionner pour voir que l'augmentation du capital ajoutait une prime qui laissait l'État en perte, malgré la diminution de l'intérêt.

Le bénéfice pour l'État aurait été bien plus réel si la rente au-dessus du pair 5 p. cent n'eût plus absorbé l'amortissement, et qu'alors on se fût décidé à faire valoir sa dotation annuelle sur d'autres valeurs que la rente (1), comme le font les hôpitaux dont les

___

(1) M. Bricogne, dans un article des *Débats*, vient de recommander ce mode sous le titre de Sommeil de l'amortissement. Il annonce ce projet comme tout-à-fait nouveau; sans doute il l'a rendu tel par la manière piquante de le présenter, mais nous avions depuis long-temps développé ce système dans plusieurs écrits, et entre autres, dans les Opuscules financiers que nous avons publiés à la fin de 1825, et qu'on trouve chez Barbezat et cᵉ,

fonds sont aussi sacrés que ceux de l'amortissement ; comme plusieurs caisses d'épargne, entre autres celle de Genève ; comme la Société économique de cette ville. L'une et l'autre font valoir sur le territoire de ce petit État, où les capitaux sont à si bas prix, à trois et demi en moyenne sur les placemens les plus solides. Si l'on eût agi ainsi, on fût alors entré dans les véritables voies de l'amortissement, l'intérêt des intérêts payés par un service productif n'eût pas été levé sur le contribuable, et cette économie eût bien valu les profits du 3 p. cent ; elle eût été plus solide et plus réelle.

Avec un pareil mode, on pourrait parvenir en moins de trente années à faire percevoir à l'amortissement un intérêt égal à celui de la dette publique, et à soulager le budget de cette charge énorme. Arrivé à ce point, on pourrait indifféremment rembourser ou continuer à servir les intérêts des fonds publics sans qu'il en coûtât un sou aux contribuables.

Voilà quelles auraient été les conséquences d'une baisse véritable de l'intérêt et de quelques lumières sur la production des richesses ; tandis que le système d'augmentation de capital, avec baisse d'intérêt, n'est qu'un leurre pour attrapper des primes, que la continuation du système d'amortissement actuel est une charge pesante pour le contribuable, sans

rue des Beaux-Arts, n. 6. Nous l'avons également indiqué dans plusieurs articles de la *Revue commerciale* et du *Mercure de France*. Plusieurs passages de cette brochure ne sont même que la reproduction de ces articles.

espoir de liquidation complète de la dette publique ; en un mot, que tout cet échafaudage est le fruit d'une science financière, où l'on néglige d'examiner les faits observés par l'économie politique.

Nous savons que l'on citait les comptes courans chez les banquiers, les escomptes des premières valeurs, les bons du trésor, les reports et les escomptes par la banque de France, qui étaient de 3 à 4 p. cent par an, comme une preuve du bas prix des capitaux.

Mais les capitaux qui se placent sur ces valeurs sont d'une nature mobile et qui ne permet pas de les engager dans de longues entreprises, parce qu'ils sont remboursables à chaque instant ; rien d'étonnant qu'on n'en retire qu'un petit intérêt. L'exception qui s'attache à ces valeurs a existé de tout temps, aux époques même les plus calamiteuses, et il faut remarquer que c'est alors que leur intérêt est au plus bas, si bien que ceux qui s'en chargent ne paient souvent point d'intérêt.

On ne peut rien conclure du prix de ces capitaux pour le taux général de l'intérêt, il n'y a, même en France où le système de circulation et de crédit privé se trouve encore dans l'enfance, aucun moyen de l'apprécier d'une façon bien juste : aussi toute combinaison générale qui tend à forcer la main sur cette matière, ne peut que causer des désastres. Le gouvernement doit laisser à la marche naturelle des choses, à lui révéler la vérité. Or, ni la hausse factice du 5 p. cent, ni l'intérêt des comptes courans chez les banquiers, ne démontraient la baisse générale de l'intérêt, lorsqu'en poussant ses observations dans le véritable commerce. on eût vu tout le contraire.

Si on l'eût consulté, on eût appris de lui que ces fonds mobiles, dont le bas intérêt faisait tous les frais de démonstration des partisans de la réduction, ne représentaient plus depuis long-temps les véritables. affaires. Jadis les banquiers chez lesquels on les entrepose, les faisaient valoir en escomptes et en changes, et les appliquant ainsi aux besoins intimes et journaliers du commerce, soutenaient le crédit de la production : mais depuis, exclusivement employés à la spéculation sur la rente, aux reports et aux escomptes de papier de circulation créés pour soutenir les opération du parquet, ils n'aidaient plus que l'emprunt public, c'est-à-dire le crédit de la destruction.

Ce crédit, devenu un monopole pour quelques financiers, n'avait d'existence que par une hausse continuelle de l'objet auquel il s'attachait ; mais comme les fonds mobiles qui alimentaient ce monopole sont d'une nature peu fixe et fort capricieuse, il fallait réaliser la hausse sur quelque chose de plus solide que leur secours. A défaut du public, l'emploi exorbitant et actif de l'amortissement, pouvait seul amener les résultats attendus.

Voilà comme avec des fonds mobiles on faisait croire à la baisse du prix de tous les capitaux !

Mais il devint tellement vrai que l'on ne courait qu'après la prime énorme de la hausse, que lorsque le premier projet de conversion parut arrêté, l'intérêt des capitaux mobiles monta subitement dans toute l'Europe, et que dans des villes où l'escompte avait été souvent à 2 p. cent (à Francfort entre autres), à la fin de 1826, il fut côté jusqu'à 6 p. cent; ainsi le taux des mêmes capitaux qui avaient fait croire au bas intérêt, fut le premier à monter, lorsqu'on réduisit l'intérêt de la rente; tant la façon dont on s'y prenait prouvait que ce n'était point une véritable réduction, mais seulement un moyen de donner d'énormes bénéfices à l'agiotage; bénéfices qui devaient être réalisés par un amortissement excessif; en un mot, que tout ce projet était de lever de nouveau sur les peuples des sommes énormes au profit des projets les plus coupables, et de quelques spéculateurs *quand même*, qui gagnent toujours de l'argent, quelle que soit la conséquence de l'opération dont ils se mêlent.

Avait-on au moins pour excuse quelque bien produit? non, car l'État n'en profitait pas, puisqu'il rachetait son papier plus cher qu'il ne l'avait négocié; les 25 p. cent de hausse, sur trois milliards, devaient lui coûter plus de 750 millions en vingt-cinq années que pouvait durer l'amortissement, sans compenser cette perte par une mieux value sur les nouveaux emprunts, puisqu'en supposant qu'ils fussent d'un milliard pendant ce laps de temps, ce n'était jamais

que 250 millions de gain pour 750 millions de per-
düs.

Cependant, par la loi de conversion, l'on parvint
à fixer la hausse du 5 p. cent. L'on peut calculer
que les six cents millions qui ont été convertis en 3
p. cent représentaient ce que possédait encore la spéculation. Une récente révélation des détenteurs actuels du 3 p. cent, insérée dans le *Courrier Francais*,
prouve ce que j'avance. Soutenue par les fonds mobiles, elle est bien près d'avoir réalisé ses immenses
bénéfices; l'amortissement opère avec une telle force
sur ce fonds, qu'il sera épuisé en peu d'années.

L'adresse avec laquelle on a su faire solder par l'a-
mortissement des bénéfices qu'on ne pouvait pas réaliser en vendant au public, qui ne voulait plus de
rente à un prix trop élevé, est la même qui préside
aux projets par lesquels on veut pousser cette mé-
thode jusqu'à ses dernières conséquences.

Mais arrêtons-nous un moment pour examiner le
tort qui résulte pour la production de ce système,
qui ajoute constamment des primes de hausse, réa-
lisées par l'amortissement, aux fonds déjà dévorés directement par les emprunts.

C'est bien évidemment le contribuable qui paie
cette prime; mais, dit-on, le bénéfice passe entre
les mains de gens industrieux qui le font valoir productivement, et le travail n'est pas privé de son secours.

Si cela était, la hausse constante par les moyens

indiqués ci-dessus, ne causerait qu'un dérangement et non un tort notable aux opérations du travail, mais il en est autrement.

Nous avons vu que les fonds mobiles, qui jadis alimentaient le commerce, se trouvent maintenant détournés de cet emploi pour soutenir la hausse factice de la rente, puisque les bénéfices qui résultent de cette manœuvre passent en grande partie, entre les mains de gens dont ils entretiennent l'oisiveté ; car nous envisageons ainsi toute occupation improductive. Le travail des agioteurs ressemble à celui des chevaliers qui se donnaient beaucoup de mouvement pour leurs tournois, leurs querelles et leurs chasses sans rien produire. Les fonds détournés ainsi de la production passent à servir les caprices, les fantaisies, et le bien-être de personnes qui, dans un autre ordre de choses, auraient dû fournir uu travail réel pour obtenir ces avantages. Il nous semble bien démontré qu'un semblable système entretient véritablement les *oisifs* et ne tend point à les détruire. Ce serait encore peu de chose s'il n'alimentait que leur luxe, mais il leur donne aussi de la puissance. Le crédit que leur assurent leur bonheur constant et leurs bénéfices réels, leur procure un vaste ascendant commercial. C'est à eux qu'on s'adresse pour toutes les entreprises nouvelles, et celles qu'ils adoptent sont encore d'une nature à jeter le désordre dans la production.

La position élevée et centrale de ces heureux du siècle les empêche d'entrer dans les détails ; ils ne con-

çoivent que le monopole. C'est ainsi que les accapa-
remens des matières premières nécessaires à la fabri-
cation, en Angleterre, opérés par M. Baring et ses
amis, a été dans ce pays la première cause de sa crise
commerciale. D'autres nombreux exemples que nous
laissons à chacun la faculté de reconnaître, prouvent
ce que nous avançons. C'est de cet ordre de choses
que naît l'incertitude commerciale qui empêche de
calculer aucune opération d'après l'ordre naturel;
car au sein de vos paisibles calculs, vous êtes à chaque instant exposé de voir fondre sur vous ces vau-
tours qui, grâce à leur puissance colossale, viennent
plumer à leur aise le producteur sans défense.

Ainsi l'emprunt public direct, coûte le double de
son chiffre à la production : l'agiotage y ajoute d'é-
normes primes; tout cela se soutient par des fonds
mobiles qui alimentaient jadis le commerce, se solde
par l'amortissement, tourne au profit de la profusion
des gouvernemens, et des plaisirs et de la puissance
de quelques oisifs.

Ces effets-là sont prouvés par l'histoire exacte des
emprunts et de l'agiotage en Angleterre, et surtout
en France.

Ceux qui les défendent avec bonne intention, ne
peuvent le faire que par une théorie dont les effets
ne sauraient se réaliser que sous des gouvernemens
nationaux, qui exempts de mille charges super-
flues, trouveraient toujours assez de ressources dans
l'impôt.

Forme de négociation convenable pour soustraire les fonds
publics à l'influence des traitans.

Cependant supposons un instant que les emprunts
soient aussi quelquefois une nécessité pour les États
bien gouvernés. Recherchons alors quelles sont les
conditions les plus naturellemont raisonnables aux-
quelles on doive les conclure, quel est le mode qui
détourne le moins de capitaux de la production, qui
coûte le moins à l'Etat.

Nos lois civiles ont réglé la condition et la forme du
prêt civil; elles sont l'expression d'un ordre de transactions auquel tout le monde est soumis. Si elles sont
mauvaises, il faut les refaire; si elles ne le sont pas, il
faut les suivre.

Or, pourquoi le gouvernement a-t-il cru devoir
s'y soustraire? C'est sans doute que lorsqu'il a com-
mencé les emprunts, son crédit n'était point assez
bien établi pour que les capitaux consentissent à s'é-
carter du travail productif pour passer dans ses mains
dévorantes. Pour les attirer, il s'est vu forcé de créer
un système de privilége en faveur des fonds qui lui
étaient prêtés ; il a dû consentir à des stipulations
onéreuses. Ces moyens n'avaient évidemment pour
excuse que de grandes calamités, qu'une absolue nécessité. Mais la forme employée dans des temps de
désastres doit-elle être perpétuée dans des temps d'ordre et de paix? Doit-on continuer à faire jouer la ma-

chine aspirante de l'agiotage, et détourner les fonds de l'industrie, quand on peut emprunter d'une manière directe? Ou si on ne le peut pas, si les conditions de nos lois pour le prêt ne sont point en rapport avec notre état de société, si le crédit doit résulter d'un autre ordre de choses, hâtez-vous alors d'en faire jouir les particuliers; replacez-vous enfin d'une manière ou d'une autre dans une position naturelle et égale avec l'industrie, pour qu'on sache enfin qui de vous deux a un véritable crédit.

Nous avons donné les moyens d'apprécier ce que coûtent à la production :

1° Un système d'emprunt public, appuyé d'un fort amortissement;

2° Les conversions avec augmentation de capitaux pour diminuer l'intérêt.

Or, si l'on veut emprunter encore, créer de nouveaux fonds, faire des remboursemens, qu'on essaie de détruire la marge qui demande l'agiotage; que l'on propose une adjudication publique, où le traitant sera tenu de prendre au pair, soit de trois, de quatre et de cinq même d'intérêt, ainsi que fait le moindre particulier lorsqu'il emprunte. Si l'on peut contracter de nouveaux emprunts à cette condition, en ne laissant point ignorer que l'amortissement ne rachetera jamais au-dessus du pair, oh! alors l'État possède un véritable crédit.

Mais si, au contraire, le traitant ne veut se charger que d'un effet au-dessous de son pair, qu'il pourra revendre avec hausse à l'État lui-même, grâce aux opérations de l'amortissement! convenons que le taux de l'intérèt, aussi bas qu'il soit, ne signifie rien, puisque l'agioteur se dédommage sur la prime de hausse, qu'il fait réaliser, à coup sûr, par l'État lui-même.

Il faudrait conclure alors que le crédit public n'est qu'un moyen adroit de duper l'État, et par suite les contribuables, au profit de la puissance des écus concentrée en quelques mains.

Par la négociation d'un nouveau fonds 4 p. 100 au pair, on peut faire rentrer le crédit public dans une situation plus naturelle.

La funeste irréflexion qui a poussé la France dans ce mauvais système de crédit public, a rétabli de fait ce régime financier, destructif de la production, qui fut la véritable cause de la révolution.

Aussi le secret d'une administration qui voudrait franchement le repos du pays serait de trouver, dans de justes modifications au système actuel de crédit public, toutes les ressources nécessaires pour rétablir en France la progression industrielle.

D'après les principes que nous venons d'établir, la forme choisie pour la négociation des 4 p. 100 ouvre cette voie, si on l'entend convenablement.

Mais M. Chabrol l'a-t-il comprise dans ce sens? A-t-il vu le parti qu'il pouvait tirer de ce nouveau fonds, qu'il va négocier au pair, pour modifier le principe actuel de l'amortissement?

A-t-il entrevu que, sur l'ancien fonds de 77 millions, qui agit sur le 3 p. 100, il pouvait au moins retrancher 40 millions par an, qui, si on les destinait à dégrever les impôts indirects, ramèneraient l'aisance chez les vignerons et autres producteurs, qui en souffrent.

Ou bien sentant toute l'influence des institutions de crédit pour les particuliers, songe-t-il à se servir de ce fonds pour encourager en France les grands établissemens qui manquent à l'industrie?

On a tout lieu de craindre que de pareilles idées ne l'aient pas abordé.

Alors son projet d'adjudication ne serait qu'un caprice qui ne ferait que compliquer la fâcheuse situation où l'on se trouve.

En principe, proposer de prendre un nouvel emprunt au pair c'est s'adresser non au spéculateur mais au prêteur, qui place ses fonds sur l'État pour en toucher annuellement le revenu.

Or, dans ce sens, c'est paraître avoir l'intention de mettre fin à l'agiotage.

Mais proposer l'adjudication de 80 millions en un seul lot, c'est pourtant s'adresser encore à la spéculation.

Cependant on ne lui laisse aucune marge; si le 4

se fait au pair, l'amortissement ne rachetera jamais en hausse; il faudra donc que ce soit le public qui paie la prime sur laquelle les spéculateurs doivent pouvoir compter; mais ce public le fera-t-il, lui qui n'achète pas du 3 p. cent, et reste fidèle au 5 p. cent à un taux raisonnable?

Le 4 p. cent n'est donc, s'il n'est pas la manifestation d'un nouveau principe de crédit public; qu'un fond embarrassant à manier, jeté à travers une position très-équivoque, et qui doit augmenter l'anarchie où l'on se trouve.

On se tromperait beaucoup si on le prenait pour un acheminement à un rembousrement ou à une réduction de la rente 5 p. cent.

Nous avons démontré plus haut que les capitaux sont loin d'être à si bon marché qu'on se le figure. Nous avons analysé le mécanisme par lequel le 3 p. cent est recherché des spéculateurs même à des cours élevés. Tout le secret de cette faveur est dans la réalisation de la prime de hausse par la masse de rentes rachetées chaque année par près de 8o millions d'amortissement.

Mais le public n'y mord pas, personne ne songe sérieusement à placer son argent à moins de 4 p. cent d'intérêt.

On voit donc que si le gouvernement nourrissait l'idée d'effectuer un remboursement par l'émission d'un 4 p. cent, dans le sens de celui de l'adjudication qui doit avoir lieu, il risquerait fort de ne pas trouver de preneurs ; tandis que la plus grande partie des détenteurs actuels du 5 p. cent demanderaient sérieusement leur remboursement au lieu d'accepter une réduction.

La chute la plus complète du crédit public en serait le résultat.

Ce qu'il y a de plus certain , c'est de laisser chaque chose comme elle est, de rassurer les porteurs du 5 p. cent, de laisser rentrer le 3 p. cent dans ses limites naturelles, en ne lui attribuant point un amortissement excessif, d'en profiter pour employer une forte somme aux progrès de l'industrie, soit par un dégrèvement, soit par des encouragemens ; en un mot, de laisser aux travailleurs ce qu'on fait dévorer bien mal à propos par des traitans.

De prendre le nouveau fonds 4 p. cent pour base des emprunts futurs, placés au pair le plus directement qu'on le pourra, et si on ne le peut, négocier du 4 et demi , toujours au pair, car c'est la condition par laquelle on échappe à l'agiotage.

Et ainsi faire sortir enfin les finances et le crédit public de l'influence des traitans qui , depuis Louis XIV, font le malheur de la France , et sont la cause la plus immédiate des irritations politiques.

C'est alors seulement qu'on pourra jeter un coup d'œil calme sur les lois dont on a besoin pour seconder le développement des richesses que promettent à notre beau pays l'activité et l'intelligence de ses habitans.

Presque toujours des besoins pressans et de faux docteurs ont empêché de voir juste sur cette matière. La déplorable incurie des hommes d'affaires a surtout causé ce malheur. On demande à grands cris un régime convenable pour les progrès de l'industrie, et sans cesse des ignorans font dévier des vœux si légitimes. La forme donnée aux opérations des emprnnts publics depuis 1814 est le plus grand pas rétrograde qui ait été imprimé à la France et la véritable cause de son malaise; l'ignorer, c'est rouvrir toutes les portes à l'anarchie et nous laisser dans de vaines questions politiques qui s'usent en luttes personnelles, parce que tous les partis voient aussi faussement l'objet principal, la production des richesses. seul but véritable des associations humaines.

Considérations générales sur les bases d'un état financier, suivant notre civilisation.

Avant 1789 on avait aussi, pendant quinze années, cherché à éluder la question principale par des palliatifs et les conseils des hommes pratiques de tous les genres ; des courtisans, des financiers, de prétendus économistes, avaient été appelés, leurs avis même avaient été écoutés; et cependant, lorsqu'on fut en face de la nation, combien leur faible science parut au-dessous des circonstances. Il faut le dire, le pouvoir voulait franchement une réforme, elle n'eut pas lieu, parce que les docteurs du temps ne la comprenaient pas. Je dis qu'elle n'eut pas lieu, car la révolution, engagée dans une fausse route, en mortifiant les pouvoirs, en écrasant les sommités, en nivelant tout devant elle, ce qui sans doute la mettait très à l'aise pour reconstituer librement un régime digne de la civilisation, ne sut cependant pas le faire. C'est avec les doctrines, je ne dirai pas monarchiques de l'ancienne France, mais hostiles au travail et serviles de l'ancienne Rome, que nos docteurs esquissèrent le nouveau régime qui nous tourmente actuellement, et dont l'esprit est le même que celui qui fit le malheur de nos ancêtres.

Certes la France n'a rien gagné à humilier sa noblesse, à chasser ses parlemens et à détruire quelques priviléges, puisque son nouveau régime donne aux propriétaires, aux capitalistes, des droits aussi contraires à la progression sociale que ceux de l'ancienne noblesse, puisque ses cours royales jugent ses différens avec la même ignorance des droits du travail et la même prédilection pour la propriété que le faisaient les parlemens, puisque des priviléges nouveaux ont remplacé les anciens, et que toutes les transactions de la France sont en coupe réglée entre les mains des états privilégiés de notaires, avoués, agens de change, administrateurs et financiers, etc.

Les avocats qui se sont emparés de la révolution, en avaient fait une question de vanité. Je ne connais pas une proposition, pas un vote des fameux Girondins qui puisse être utile aux progrès de l'économie sociale; toute leur éloquence s'est usée à de vaines déclamations contre les *oppresseurs*. Cependant, à en juger par la douceur des mœurs en 1788, par l'esprit philantropique qui animait la noblesse et la cour, ces oppresseurs ne demandaient pas mieux que de se débarrasser du rôle de tyrans, de ne devoir leur illustration personnelle qu'à leurs talens et aux services rendus au pays. S'ils ne furent point secondés dans de tels désirs, c'est que l'ignorance des réformateurs fit prendre le change sur les sacrifices qu'on leur demandait. La civilisation était arrivée au point que tout titre, tout privilége, qui ne résultait pas d'une fonction, d'une magistrature utile au pays, rendait ridicule celui qui s'en pavanait, il ne fallait donc pas long-temps pour faire tomber des distinctions déjà sans racines. Ce n'était pas là le souhait le plus ardent de la France. Un autre plus profond, mais d'une définition plus obscure, parce qu'il gisait dans les masses illettrées, qui n'ont que le sentiment de leurs besoins sans savoir les résumer, était de rendre au travail l'importance qu'il mérite, d'en faire le premier fondement de la sociabilité; en un mot, de créer un régime d'accord avec les exigences de la civilisation, qui, en présentant à tous l'appât d'une vie commode, veut laisser à chacun l'espoir de l'obtenir par un travail mieux entendu que celui de ses pères.

C'était un droit de la production, un levier moral pour une progression industrielle que la France désirait ; c'était une émancipation civile, par concession royale ou par droit naturel, comme on aurait voulu, mais réelle et complète.

Les antiques pouvoirs, qui pouvaient se faire les conducteurs d'aussi justes désirs et des besoins impérieux de leur temps, ne surent pas comprendre ce que l'on voulait ; les révolutionnaires, élèves classiques des colléges royaux, et presque tous dans des positions sociales où leur vanité souffrait, firent la guerre aux pouvoirs, parlèrent de république, de vertu, d'empire, de gloire, s'enfoncèrent dans des fanfaronnades coulées dans le moule antique, et ne surent ni comprendre ni s'occuper de la véritable question. Ils donnèrent naissance à ce triste quiproquo, prolongé jusqu'à nos jours, par lequel on a cru la France entrée dans une voie de progression, et qui enfin se résume, en 1830, par une position semblable à celle de 1788, la détresse du peuple, des embarras de finance en pleine paix, de savans docteurs qui n'y entendent rien, et des pouvoirs fort disposés à faire tout ce qui sera convenable, mais qui, justement alarmés de l'ignorance de leurs conseillers, ne savent quel parti prendre, et se plongent de plus en plus dans un triste et embarrassant *statu quo.*

A présent comme en 1788, le peuple ne sait pas s'expliquer : le sentiment de ses besoins, faussé, contourné par les préjugés invétérés de ceux qui se font ses interprètes, n'arrive que défiguré au sein de la sagesse collective de la nation.

A qui le tort? sans doute en première ligne aux dispositions fondamentales de notre pacte social, qui ne laisse aborder la représentation des intérêts du pays qu'à ceux qui sont comme les produits du régime civil actuel. Ce régime est la cause fondamentale de nos maux, et ses favoris sont chargés des plaintes contre lui : fâcheuse situation, déjà prouvée par la nécessité des enquêtes, des commissions de pétitionnaires, et enfin par ces mémorables discussions sur le budget qui ne révèlent que les préoccupations habituelles de quelques honnêtes gens, et ne trahissent pas une idée d'ensemble, pas un coup d'œil ferme sur l'état du pays.

Ce n'est pas l'opposition et l'éloquence qui manqnent, cela ne manquera jamais en France, mais une seule idée originale, et sortant du cercle commun et vicieux où le monde est enfermé depuis des milliers d'années.

Certes il serait moral que les courtisans, les administrateurs, le haut clergé et les états-majors voulussent dépenser un peu moins; mais encore, en leur rognant bien leurs appointemens, n'aurez-vous qu'une économie de quelques millions par an, qui assurément ne vaut pas tout le temps que l'on perd et toutes les illusions que l'on crée en discutant le budget sur ce terrain, et laissant croire à la France que cette petite guerre, même gagnée, puisse ranimer sa prospérité.

C'est recommencer ces chicanes oiseuses qui alarment le pouvoir sans aider une nation.

Il faut qu'on le sache : le milliard est pénible à payer, non pas parce qu'il est le cinquième, le quart ou le tiers du revenu total du pays, mais parce qu'il tient à un régime anti-productif; il n'est pas lourd par son chiffre, mais par la manière dont on le lève, dont on le distribue, par la nature des objets sur lesquels il est imposé. On pourrait dépenser davantage, que la nation n'en serait pas si fatiguée, si d'ailleurs on la laissait produire suivant son intelligence. Le revenu total de la France pourrait se doubler en peu de temps et le budget avec lui, si un système complet de progression industrielle était adopté. Mais comment y penser, lorsque les réformateurs, les libéraux eux-mêmes paraissent ignorer les bases d'un tel progrès; lorsque leurs chefs n'hésitent pas à se declarer les partisans des emprunts publics, et à fermer les yeux sur les conséquences désastreuses de ceux qui ont amené l'Europe à un état de crise; lorsque toute leur science financière se concentre avec entêtement sur des projets de réduction de l'intérêt de la dette consolidée, projets auxquels on a répondu vingt fois par des chiffres et des raisonnemens qui constatent les frais énormes et les dangers d'une semblable opération?

Il est avéré que les fonds publics jouissent d'une

haute faveur, due incontestablement à la forme du titre, à sa facile transmission et à ses priviléges, et nullement au taux général de l'intérêt; les capitaux ne sont point en France à 4 p. 100 l'an; on peut dire même qu'il n'existe point de cours pour l'intérêt, qui varie depuis 5 jusqu'à 25 p. 100 l'an, suivant la nature des placemens. Ce fait indique suffisamment que l'industrie réclame des formes semblables à celles dont se sert le gouvernement pour emprunter.

Des actions de banques d'escompte, de sociétés commanditaires, qui se transféreraient facilement et avec de modiques frais, seraient aussi demandées qne les fonds publics. Pourquoi donc ne pas chercher les allégemens aux charges du budget dans ces puissans véhicules du travail? pourquoi ne pas seconder la tendance progressive qui n'est entravée que par nos lois et nos habitudes anti-productives? Les crises commerciales n'ont éclaté que faute de tels secours; les grandes entreprises, conduites par l'aristocratie financière, ont croulé par l'impéritie des maisons de premier ordre, qui sont maîtresses de tout tant que le crédit n'est pas général.

Il y a en France plus de savoir, de capacité et d'activité qu'il n'en faut pour donner à la production générale, et par suite à la consommation, un élan qui rendrait nos charges actuelles bien légères; mais la progression sociale rend plus que jamais nécessaire à chaque individu le secours de ses semblables; la division des travaux et l'emploi des machines étant nécessaires pour qu'un produit soit établi avec intelligence, perfection et économie, on peut moins que jamais entreprendre un travail sans des avances courantes, et des avances fixes qui constituent le crédit.

Il faut donc bien reconnaître que le crédit est aujourd'hui le fondement de toute prospérité industrielle ; or, où en sommes-nous en France à ce sujet ? par quels moyens apprécie-t-on l'intelligence du travailleur ? quelles sont les combinaisons qui diminuent les risques du capitaliste ?

Tout cela est dans l'enfance ; comparons-nous à ce sujet à l'Angleterre et aux États-Unis, et nous verrons comme nous sommes petits ; cependant nous agissons collectivement comme si nous possédions la plus belle base de crédit ; nous avons emprunté outre mesure au nom de l'État ; nous avons détourné tous les capitaux de l'industrie, et, au sein d'une crise, nous parlons encore de nouvelles combinaisons d'agiotage !

Je ne crains pas de le dire, l'état de souffrance, de malaise et de mécontentement de la nation, tient surtout à cette singulière anomalie d'un crédit public florissant à côté d'un crédit des particuliers complétement éteint. Le remède n'est et ne peut être que dans la ferme résolution du gouvernement de renoncer à de nouveaux emprunts, et dans le soin de ranimer l'industrie par des institutions de crédit. Il faut, pour parvenir à ce dernier but, donner de grandes facilités à l'esprit d'association, étendre les lois commerciales à toutes les parties de la production, et donner le jugement des affaires industrielles à des [jurys qui apprécient le fait : car il est aujourd'hui prouvé que toute entreprise un peu compliquée n'est pas expliquée par nos lois, ni entendue par les cours royales dans son véritable esprit.

Nous avons été bien loin dans nos folies ; de faux systèmes nous ont long-temps égarés ; il est trop tard pour rétrograder ; ce n'est ni par l'économie ni par de nouvelles combinaisons financières que nous pouvons revenir au pair.

Il faut nous lancer franchement dans la route où nous sommes engagés ; n'envions pas quelques jouissances à nos administrateurs, mais puisons dans la science des richesses le secret de répandre sur tous les travailleurs les mêmes bienfaits que sur ceux chargés de guider le pays ; lançons-nous dans la progression infinie que l'économie politique promet aux nations qui écoutent ses conseils ; laissons de côté la prétendue prudence qui pousse à la routine ; produisons davantage pour consommer suivant les nombreux besoins qu'enfante la civilisation. Alors nous aurons peu d'économies à proposer sur le budget ; nous serons peut-être embarrassés pour dépenser ce qu'il produira. C'était la révolution que réclamait 1789, c'est encore celle que demande 1830. Tâchons que, ni financiers, ni avocats, ni publicistes classiques ne nous en détournent.

TABLE DES MATIÈRES.

FIN DE LA TABLE.